汉语风 中文分级系列读物 Chinese Breeze Graded Reader Series

第2级
500词级
Level 2
500 Word Level

chū shì yǐhòu
出事以后（第二版）

After the Accident

主 编 刘月华（Yuehua Liu） 储诚志（Chengzhi Chu）
原 创 杨德华（Dehua Yang）

北京大学出版社
PEKING UNIVERSITY PRESS

图书在版编目(CIP)数据

出事以后 / 刘月华,储诚志主编. — 2版. — 北京:北京大学出版社,2018.9
(《汉语风》中文分级系列读物. 第2级,500词级)
ISBN 978-7-301-29833-6

Ⅰ. ①出… Ⅱ. ①刘… ②储… Ⅲ. ①汉语—阅读教学—对外汉语教学—自学参考资料 Ⅳ. ①H195.4

中国版本图书馆CIP数据核字(2018)第193954号

书　　　名	出事以后(第二版) CHUSHI YIHOU (DI-ER BAN)
著作责任者	刘月华　储诚志　主编 杨德华　原创
责 任 编 辑	李　凌　路冬月
标 准 书 号	ISBN 978-7-301-29833-6
出 版 发 行	北京大学出版社
地　　　址	北京市海淀区成府路205号　100871
网　　　址	http://www.pup.cn　新浪微博:@北京大学出版社
电 子 信 箱	zpup@pup.cn
电　　　话	邮购部 010-62752015　发行部 010-62750672 编辑部 010-62753374
印 刷 者	北京宏伟双华印刷有限公司
经 销 者	新华书店 850毫米×1168毫米　32开本　2.625印张　41千字 2010年3月第1版 2018年9月第2版　2023年5月第2次印刷
定　　　价	22.00元

未经许可,不得以任何方式复制或抄袭本书之部分或全部内容。
版权所有,侵权必究
举报电话: 010-62752024　电子信箱: fd@pup.pku.edu.cn
图书如有印装质量问题,请与出版部联系,电话: 010-62756370

刘月华

毕业于北京大学中文系。原为北京语言学院教授，1989年赴美，先后在卫斯理学院、麻省理工学院、哈佛大学教授中文。主要从事现代汉语语法，特别是对外汉语教学语法研究。近年编写了多部对外汉语教材。主要著作有《实用现代汉语语法》(合作)、《趋向补语通释》《汉语语法论集》等，对外汉语教材有《中文听说读写》(主编)、《走进中国百姓生活——中高级汉语视听说教程》(合作)等。

储诚志

夏威夷大学博士，美国中文教师学会前任会长，加州大学戴维斯分校中文部主任，语言学系博士生导师。兼任多所大学的客座教授或特聘教授，多家学术期刊编委。曾在北京语言大学和斯坦福大学任教多年。

杨德华

1982年毕业于复旦大学中文系，曾任中国作家出版社编辑部主任、总编室主任、副总编辑等职。负责编审的图书获得矛盾文学奖、"五个一工程"图书奖、全国优秀报告文学奖、全国少数民族文学创作"骏马奖"、全国优秀外国文学图书奖等多个奖项。曾作为访问学者在英国学习。发表中短篇小说《减肥》《知青连》及文学评论多篇，出版有《世界百年缉毒纪实》(合作)、翻译作品《可笑的爱情——米兰·昆德拉性喜剧小说选》(合作)等。中国作家协会会员。

Yuehua Liu

A graduate of the Chinese Department of Peking University, Yuehua Liu was Professor in Chinese at the Beijing Language and Culture University. In 1989, she continued her professional career in the United States and had taught Chinese at Wellesley College, MIT, and Harvard University for many years. Her research concentrated on modern Chinese grammar, especially grammar for teaching Chinese as a foreign language. Her major publications include *Practical Modern Chinese Grammar* (co-author), *Comprehensive Studies of Chinese Directional Complements*, and *Writings on Chinese Grammar* as well as the Chinese textbook series *Integrated Chinese* (chief editor) and the audio-video textbook set *Learning Advanced Colloquial Chinese from TV* (co-author).

Chengzhi Chu

Chu is associate professor and coordinator of the Chinese Language Program at the University of California, Davis, where he also serves on the Graduate Faculty of Linguistics. He is the former president of the Chinese Language Teachers Association, USA, and guest professor or honorable professor of several other universities. Chu received his Ph.D. from the University of Hawaii. He had taught at the Beijing Language and Culture University and Stanford University for many years before joining UC Davis.

Dehua Yang

A graduate of from Department of Chinese Language and Literature of Fudan University in 1982, Dehua Yang was the editorial manager, the manager of Editor Office, the Associate Chief Editor in China Writers Publishing House. The books he published received many achievement awards, such as the Mao Dun Literature Prize, the Best Works Award, National Excellent Reportage Award, Junma Literary Prize: Winners of National Award for Writing by non-Han Authors, National Award for Outstanding Foreign Literature Book. He had studied in UK as a visiting scholar. His literary works include short stories *Losing Weight* and *The Educated Youths Company*, reportage *Narcotics Enforcements: 100 Years in the World* (co-author), and translation of Milan Kundera's *Laughable Loves* (co-translator). He also published many critical essays on Chinese literature. Yang was a member of China Writers Association.

前　　言

　　学一种语言，只凭一套教科书，只靠课堂的时间，是远远不够的。因为记忆会不断地经受时间的冲刷，学过的会不断地遗忘。学外语的人，不是经常会因为记不住生词而苦恼吗？一个词学过了，很快就忘了，下次遇到了，只好查词典，这时你才知道已经学过。可是不久，你又遇到这个词，好像又是初次见面，你只好再查词典。查过之后，你会怨自己：脑子怎么这么差，这个词怎么老也记不住！其实，并不是你的脑子差，而是学过的东西时间久了，在你的脑子中变成了沉睡的记忆，要想不忘，就需要经常唤醒它，激活它。"汉语风"分级读物，就是为此而编写的。

　　为了"激活记忆"，学外语的人都有自己的一套办法。比如有的人做生词卡，有的人做生词本，经常翻看复习。还有肯下苦功夫的人，干脆背词典，从A部第一个词背到Z部最后一个词。这种做法也许精神可嘉，但是不仅过程痛苦，效果也不一定理想。"汉语风"分级读物，是专业作家专门为"汉语风"写作的，每一本读物不仅涵盖相应等级的全部词汇、语法现象，而且故事有趣，情节吸引人。它使你在享受阅读愉悦的同时，轻松地达到了温故知新的目的。如果你在学习汉语的过程中，经常以"汉语风"为伴，相信你不仅不会为忘记学过的词汇、语法而烦恼，还会逐渐培养出汉语语感，使汉语在你的头脑中牢牢生根。

　　"汉语风"的部分读物出版前曾在华盛顿大学（西雅图）、范德堡大学和加州大学戴维斯分校的六十多位学生中试用。感谢这三所大学的毕念平老师、刘宪民老师和魏苹老师的热心组织和学生们的积极参与。夏威夷大学的姚道中教授、加州大学戴维斯分校的李宇以及博士生Ann Kelleher和Nicole Richardson对部分读物的初稿提供了一些很好的编辑意见，在此一并表示感谢。

Foreword

When it comes to learning a foreign language, relying on a set of textbooks or spending time in the classroom is not nearly enough. Memory is eroded by time; you keep forgetting what you have learned. Haven't we all been frustrated by our inability to remember new vocabulary? You learn a word and quickly forget it, so next time when you come across it you have to look it up in a dictionary. Only then do you realize that you used to know it, and you start to blame yourself, "why am I so forgetful?" when in fact, it's not your shaky memory that's at fault, but the fact that unless you review constantly, what you've learned quickly becomes dormant. The *Chinese Breeze* graded series is designed specially to help you remember what you've learned.

Everyone learning a second language has his or her way of jogging his or her memory. For example, some people make index cards or vocabulary notebooks so as to thumb through them frequently. Some simply try to go through dictionaries and try to memorize all the vocabulary items from A to Z. This spirit is laudable, but it is a painful process, and the results are far from sure. *Chinese Breeze* is a series of graded readers purposely written by professional authors. Each reader not only incorporates all the vocabulary and grammar specific to the grade but also contains an interesting and absorbing plot. They enable you to refresh and reinforce your knowledge and at the same time have a pleasurable time with the story. If you make *Chinese Breeze* a constant companion in your studies of Chinese, you won't have to worry about forgetting your vocabulary and grammar. You will also develop your feel for the language and root it firmly in your mind.

Thanks are due to Nyan-ping Bi, Xianmin Liu, and Ping Wei for arranging more than sixty students to field-test several of the readers in the *Chinese Breeze* series. Professor Tao-chung Yao at the University of Hawaii. Ms. Yu Li and Ph.D. students Ann Kelleher and Nicole Richardson of UC Davis provided very good editorial suggestions. We thank our colleagues, students, and friends for their support and assistance.

主要人物和地方名称
Main Characters and Main Places

王老师：Wáng lǎoshī
A teacher in a college

老孙：Lǎo Sūn
Professor Wang's husband who works for a company

孙力：Sūn Lì
The son of Professor Wang and Lao Sun, a college student

小石：Xiǎo Shí
A hospital attendant who is looking after Professor Wang

小刘：Xiǎo Liú
The husband of Xiao Shi, a taxi driver

张大夫：Zhāng dàifu
Doctor Zhang

人民医院 Rénmín Yīyuàn：The People's Hospital

文中所有专有名词下面有下画线，比如：孙力
(All the proper nouns in the text are underlined, such as in 孙力)

目　录
Contents

1. 医院的电话
   A call from the hospital 1

2. 时间过得很慢
   Time passed slowly 6

3. 王老师能醒过来吗？
   Can Professor Wang wake up? 11

4. 请护工
   Looking for a hospital attendant 14

5. 护工小石
   The hospital attendant Xiao Shi 18

6. 王老师会变成植物人吗？
   Will Professor Wang become vegetative? 22

7. 小石的家
   Xiao Shi's family 26

8. 病房里的生活
   Life in the patient ward 35

9. 学生来看王老师
   Professor Wang's students come to see her
   41

10. 原来还有故事
    That is how it has been
    45

生词表
Vocabulary list
.... 53

练习
Exercises
.... 56

练习答案
Answer keys to the exercises
.... 62

1. 医院的电话

冬天的一个晚上,天已经黑了,大概8点钟,老孙在公司的工作快要完了,刚准备回家,手机就叫了起来。

"喂,请问您找谁?"老孙对着手机客气地问。

"孙先生,您是王老师的爱人[1]吗?我是人民医院的大夫,我姓张。我想请您马上来医院,您爱人[1]在这里!"

"出什么事[2]了?您能现在就告诉我吗?"老孙有一些紧张,说话也快起来了。

"电话里一下子说不清楚,您还是快点儿来吧!"

老孙不能多问,忙拿了衣服,走出房间。他开车去医院,可是走了一会儿,想起来[3]到医院可能要用钱,正好[4]马路[5]旁边有一家银行,他取[6]了一些钱。已经很晚了,路上的汽车不太多,自行车也比白天少多了,他很快就开到了人民医院。

在医院里,老孙找到了张大夫,也看见了病床[7]上的王老师。她的脸[8]很白,和旁边医生穿的白衣服一样,

1. 爱人 àiren: husband/wife, spouse
2. 出事 chū shì: have an accident
3. 想起来 xiǎng qilai: call to mind
4. 正好 zhènghǎo: just right, just in time, as it happens
5. 马路 mǎlù: street
6. 取 qǔ: get, fetch, withdraw
7. 病床 bìngchuáng: sickbed, hospital bed
8. 脸 liǎn: face

她头⁹上有一个包¹⁰，包¹⁰上红颜色的血¹¹让人有一些怕；再看她的眼睛,像在睡觉。

"我爱人¹怎么了？病得重吗？"老孙紧张地拉¹²着张大夫的手不放。

"应该是撞¹³的。头⁹上的伤¹⁴应该没关系,可是她头⁹里面也出了血¹¹,如果时间长了,就麻烦了,一定要马上做手术¹⁵,把里面的血块¹⁶取⁶出来……"

"怎么会这样？早饭时她还吃了一些东西,没什么不舒服。"

"我们也不清楚出了什么事。刚才是一个男的送你爱人¹来医院的,好像是一个出租汽车¹⁷司机¹⁸。可是等到我们给你爱人¹看完病,那个司机¹⁸就不见了。就是他把你的手机号告诉我的,我才给你打了电话。请你在这儿

9. 头 tóu: head
10. 包 bāo: swelling, bump
11. 血 xiě: blood
12. 拉 lā: take hold of, pull
13. 撞 zhuàng: bump, hit, run in
14. 伤 shāng: injure, wound
15. 手术 shǒushù: surgery, operation
16. 血块 xiěkuài: blood clots
17. 出租汽车 chūzū qìchē: taxi
18. 司机 sījī: driver

签字[19]。"张大夫一下子说了这么多。

老孙走到爱人旁边,轻轻地叫着:"老王,老王,你能听见我说话吗?"

王老师的眼睛像关着的门,老孙的叫声没办法让它打开。

张大夫走过来,对老孙说:"她现

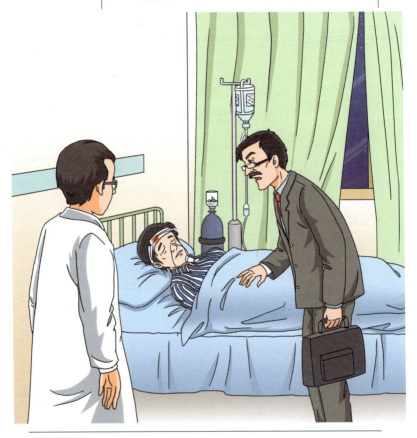

19. 签字 qiān zì: sign (a signature)

在又晕过去[20]了,这是头[9]里面的血块[16]造成[21]的。时间不多了,您得马上在这张表[22]上签字[19]。"

"好,我现在就签字[19]。"

> Want to check your understanding of this part?
> Go to the questions on page 56.

---

20. 晕过去 yūn guoqu: faint, pass out
21. 造成 zàochéng: cause, bring about
22. 表 biǎo: form, table

2.时间过得很慢

已经是晚上11点了,人民医院楼里的人不太多,老孙坐在那儿,开始给王老师的弟弟打电话。

"弟弟吗?我是老孙。你姐姐生病了,现在在医院里……"老孙觉得拿着手机的手有一些冷。

"我姐姐怎么了?病得重吗?"王老师的弟弟在电话里紧张地问。

"大夫说她头⁹里面有血块¹⁶,一定要马上做手术¹⁵。所以我打电话告诉你,你再告诉一下妹妹。但是,注意,咱们别告诉爸爸妈妈,我怕他们着急。"老孙这个时候好像不那么紧张了。

"我知道了。你告诉我是哪家医院,我马上过去!"

"人民医院。今天晚上我在这里等着,你明天再来吧!"

"没关系,我还是去看看。"

老孙放下电话时间不长,王老师的弟弟就开着汽车来到医院。因为怕老孙等的时间太长,他没有告诉妹妹。如果她知道姐姐生病了,一定会跟哥哥一起来的。

一看见老孙,弟弟就问:"我姐姐有什么问题?她怎么样了?"

"大夫正在给她做手术¹⁵。大夫告诉我,是一个出租汽车¹⁷司机¹⁸把她送到医院来的。大夫给我打了电话,我才过来。大夫说她被人撞¹³了,头⁹里出了血¹¹,如果不马上做手术¹⁵把血块¹⁶取⁶出来,就会有危险²³……"老孙说不下去²⁴了,他的眼睛有一点儿红。

弟弟也说不出话来。等了一会儿,他说:"是不是那个出租汽车¹⁷司机¹⁸把我姐姐撞¹³坏了?司机¹⁸跑到哪儿去了?"

"我也没看见他。大夫说他把你姐姐送到这里以后,很快就不见了。"

"那就马上报警²⁵吧!还等什么?不能让这个司机¹⁸跑了!"弟弟很快地说。

"等你姐姐醒过来²⁶问清楚情况²⁷再说。你先回去,我在这里,你就放心²⁸吧。只是这件事一定别告诉爸爸

23. 危险 wēixiǎn: danger, dangerous
24. 说不下去 shuō bu xiàqù: unable to continue speaking
25. 报警 bào jǐng: call the police
26. 醒过来 xǐng guolai: wake up, come to oneself
27. 情况 qíngkuàng: circumstances, situations
28. 放心 fàng xīn: disburden, reassure, set one's heart at rest

妈妈，和孩子们也要说清楚，别让爷爷奶奶不放心[28]。他们身体不太好，再因为这事生病，那就更麻烦了。"

弟弟还要再说什么，<u>老孙</u>看了看时间，已经快12点了，就对他说："还是听我的，快点儿回去休息，你明天早上再来换我。"弟弟这才不说话了。

弟弟走了以后，老孙坐在一个桌子旁边，他想找几张报纸或者几本杂志，看看报纸杂志会让时间过得快一些。可是桌子上什么都没有。他就在桌子上用手写着字，写的是王老师的名字，写了一遍又一遍。他想不清楚，爱人¹老王这是怎么了……

Want to check your understanding of this part?
Go to the questions on page 56.

3. 王老师能醒过来[26]吗？

手术室[29]的门开了，先出来的是张大夫。

王老师的手术[15]做了大概有六个小时。这么长时间的手术[15]，张大夫看上去[30]有一点儿累，但是他一看到老孙，马上就介绍手术[15]情况[27]："王老师头[9]里面出血[11]造成[21]的血块[16]已经取[6]出来了，但是血块[16]挤压[31]了脑子[32]，得让挤压[31]的地方慢慢好起来，这一星期要注意观察[33]……"

老孙有一些紧张，一个晚上没睡觉，他的眼睛有一点儿红。他问张大夫："病人能醒过来[26]吗？"

"还说不清楚，现在看问题不大。她的身体不错。注意观察[33]吧！"

"真是麻烦您了，谢谢！您也快去

---

29. 手术室 shǒushùshì: operation room
30. 看上去 kàn shangqu: look (like), seem
31. 挤压 jǐyā: squeeze, press
32. 脑子 nǎozi: brain
33. 观察 guānchá: observe

休息休息,做了这么长时间手术¹⁵,一定累坏了。"

张大夫对老孙点了点头³⁴,笑着说:"不客气!"然后往自己的房间走去。他要去游泳,每次做完大的手术¹⁵,他都会先游游泳,再休息,这种运动已经是他的生活习惯了。

这天早上,王老师的弟弟来医院换老孙,和他一起来的还有孙力。孙力是王老师和老孙的孩子,正在上大学。快到复习考试的时候了,老孙不想让孩子不放心²⁸,就没把他妈妈出事的情况²⁷告诉他。这让孙力很不高兴,他对老孙说:"爸爸,妈妈做手术¹⁵这么大的事为什么不告诉我?我不是这个家里的人吗?"

老孙没有说什么,他用手指³⁵了指³⁵病房³⁶:"快去看看你妈妈吧!"他想,孩子已经长大了,也比以前懂事³⁷了。

孙力穿上护士³⁸给他的白颜色的衣服,走进病房³⁶,来到妈妈的床前。

34. 点头 diǎn tóu: nod
35. 指 zhǐ: point one's fingers at
36. 病房 bìngfáng: sickroom, patient ward
37. 懂事 dǒng shì: sensible, capable of understanding others
38. 护士 hùshi: nurse

妈妈的眼睛合[39]着,脸[8]上的颜色和孙力穿的衣服一样白,当然,她还没有醒过来[26]。房间里只有他和妈妈两个人,可是妈妈不跟他说话,她说不了话!

"妈妈,你什么时候才能醒过来[26]呀?是谁让你变成[40]这样的?你能告诉我吗?"

Want to check your understanding of this part?
Go to the questions on page 57.

---

39. 合 hé: close (eyes)
40. 变成 biànchéng: become, turn into

4. 请护工[41]

在医院的楼里,出来和进去的人很多,老孙和王老师的弟弟站在门旁边。他们不知道能做什么,可是他们应该做点什么。看起来[42]王老师短时间里出不了医院,每天都要有人看护[43]病人。老孙做这件事最合适,但是他公司的工作很忙,他只能晚上来医院。孙力做这件事也合适,但是他还要上课,最近又要复习考试,没有空儿。孙力已经是大学三年级的学生了,学的是中国历史。

王老师的弟弟对老孙说:"我来看护[43]姐姐吧,我现在工作不太忙,可以休息几天。"

"不用,我想好了,我打算请一个护工[41]。这样花[44]点儿钱,可是护工[41]

---

41. 护工 hùgōng: patient attendant
42. 看起来 kàn qǐlai: look like, seem
43. 看护 kānhù: look after (patients)
44. 花 huā: spend

看护[43]病人更好一些,有的时候比家里人还方便。"

"这样也好,家里人有时间就过来看看……"王老师的弟弟点了点头[34]。

孙力正好[4]从病房[36]出来,听说要给妈妈请护工[41],就去问护士[38]哪里能找到护工[41]。一个护士[38]告诉他,在医院大门那里就有护工[41]公司的人。

孙力有一点儿奇怪[45],护工[41]也有公司吗?他来到大门那儿,问了几个人,才找到一个正在打手机的四十多岁的女人,她正在跟人介绍护工[41]的情况[27]。

等她打完电话,孙力走上去问:"您是护工[41]公司的吧?请问您贵姓?"

"对,我是护工[41]公司的,我姓马,你叫我马大姐好了。"

"您能帮我找一个护工[41]吗?"

"没有问题。我们公司就是帮人找护工[41],给病人服务[46]的。如果你觉得我们的护工[41]不好,我还可以帮助你换人。"马大姐很快地说。

---

45. 奇怪 qíguài: strange, weird
46. 服务 fúwù: serve

孙力听了很高兴,想不到[47]这事这么容易就办好了。

"病人是什么情况[27]?住在医院的哪个楼?"马大姐接着问。

"生病的是我妈妈,刚刚做完手术[15],住在9号楼的病房[36],现在还没有醒过来[26]呢。"

"住那个楼的是重病人,得找一个做得好的护工[41]。"她停了一下,"不

47. 想不到 xiǎng bu dào: cannot expect

4. 请护工

过,好的护工[41]给的钱要多一些,一天80块。"

"当然,我要找最好的,80块钱可以。"

孙力的话让马大姐听起来[48]很舒服。她马上拿出手机,给什么人打了起来,"小石吗?我是马大姐,跟你说个事儿。你现在手里有工作吗?……你先把别的[49]工作放[50]一放[50],我给你找个事做……对,下午就来人民医院,病人等着呢!……不用谢,不用谢,做好工作就行了!"

然后她对孙力说:"正好[4],我们公司的小石看护[43]的病人今天回家,我把她叫来帮你,下午就能到。小石在护工[41]里是非常不错的,好多人都想请她。"

"不好意思,麻烦您了。"

"不客气。我的孩子和你差不多大,谁家还能没有点儿事呢?"

> Want to check your understanding of this part?
> Go to the questions on page 57.

---

48. 听起来 tīng qilai: sound like
49. 别的 biéde: other
50. 放(把别的工作放一放) fàng (bǎ biéde gōngzuò fàng yi fàng): put (aside; lay other things away for a while)

5. 护工⁴¹小石

　　下午，孙力让爸爸回家休息，放心²⁸睡觉，自己在病房³⁶看护⁴³妈妈。这个时候，有一个看上去³⁰不到四十岁的女人走进病房³⁶，她穿的衣服有一点儿旧，但是洗得很干净。孙力刚要问她找谁，她就先问起来：

　　"这里是要找护工⁴¹吗？"

　　孙力点了点头³⁴。

　　她接着说："我姓石，别人都叫我小石。是马大姐打电话让我来的！"

　　孙力马上给小石拿了一瓶水，然后客气地说："你先喝点儿水。是我找的马大姐，她介绍了你，说你人不错，可以帮助我们……"

　　小石好像有一点儿不好意思。她看了看躺⁵¹在床上的王老师："她是你妈妈吗？"她见孙力点头³⁴，又问："你妈妈得的是什么病？做过手术¹⁵了吗？"

---

51. 躺 tǎng：lie

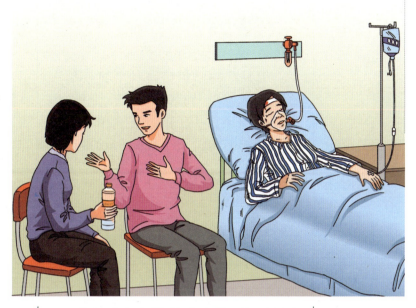

"昨天晚上做的手术[15]，今天早上才从手术[15]室出来。医生说是头[9]里面出血[11]……"孙力说着，把自己的手放[12]在妈妈的手上。

"不用怕，你妈妈会慢慢好起来的。我以前看护[43]过一个病人，手术[15]完了很多天都没有醒过来[26]，后来也好了。你妈妈看起来[42]比那个人还好一些，你别太紧张。"

"谢谢你，我不紧张，但是，我就是想知道，我妈妈为什么变成[40]这样？是谁做的坏事？我要把那个坏人找出来。"孙力有一些不高兴地说。

"等你妈妈醒过来²⁶,不就知道了吗?"

小石开始收拾东西,准备先给王老师洗洗脸⁸。她先倒⁵²了一些热水,然后又倒⁵²了一点儿冷水,用手试一试。水不太冷也不太热了,她才给王老师洗脸⁸。差不多洗了三次,王老师的脸⁸干净多了。

"你如果有事,先忙你的去吧,这里有我,你就放心²⁸吧!"小石对孙力说。

孙力把自己的手机号和爸爸的手机号都给了小石,让她有事给他们打电话,他们可以很快就过来。小石说没问题。

第二天,老孙从家里去了医院,他睡完觉起来,觉得舒服多了。他在医院见到了小石,知道这是儿子新找的护工⁴¹,再看她工作的样子,不怕累,不怕麻烦,就放心²⁸了。

王老师的妹妹坐公共汽车来到医院,见姐姐有人看护⁴³,也放心²⁸多

---

52. 倒 dào: pour

了。她给姐姐买了一些水果，是从医院旁边的商店里买的，商店服务员知道她去看病人，给她拿了一些特别大的苹果，看起来[42]很漂亮。她跟护工[41]小石说："等我姐姐醒过来[26]，你别忘了给她洗苹果吃。"

小石不好意思地说："这事得听医生的。病人刚做完手术[15]还不能吃东西，可能得过几天。"

老孙笑着对妹妹说："你也太着急了。小石知道应该怎么做。"

妹妹也笑了。

Want to check your understanding of this part?
Go to the questions on page 57.

6. 王老师会变成⁴⁰植物人⁵³吗？

　　王老师做完手术¹⁵已经快一个星期了，她还没有醒过来²⁶。这把家里人都急⁵⁴坏了，小石也急⁵⁴得不得了⁵⁵。

　　每天上午，张大夫和几个男的、女的医生都要一起来到病房³⁶。张大夫走在前面，那几个看上去³⁰小一点儿的医生跟着。他们看看病人的情况²⁷，问问病人身体哪里不舒服，头⁹上的伤¹⁴还疼不疼，然后再给病人开出每天要用的药。

　　可是，王老师还没有醒，她还说不了话呢！

　　张大夫走进王老师的病房，来到她的病床⁷前，用手慢慢敲打⁵⁶王老师的双腿⁵⁷和双手，看她有没有反应⁵⁸。

53. 植物人 zhíwùrén: persist vegetative states (PVS)
54. 急 jí: anxious
55. 不得了 bùdéliǎo: exceedingly, completely
56. 敲打 qiāodǎ: knock, rap, tap
57. 腿 tuǐ: leg
58. 反应 fǎnyìng: reaction, response

6.王老师会变成植物人吗?

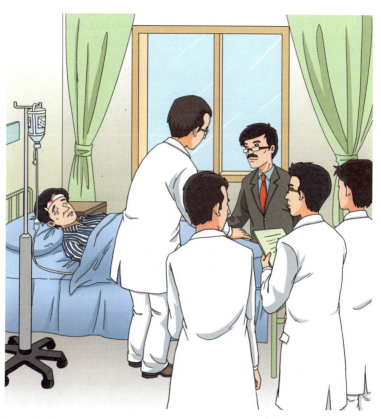

王老师好像一点儿反应[58]都没有。

老孙有一些不放心[28]地问:"手术[15]这么多天了,为什么人还没有醒过来[26]?会不会有危险[23]?"

"如果病人醒不过来,就可能有危险[23]。人的脑子[32]如果伤[14]得很重,就会醒不过来,变成[40]植物人[53]。当然,这只是最坏的情况[27]……"

老孙一听张大夫的话,就很紧

张，张大夫的话还没说完，老孙差不多快听不见了。

"一点儿办法都没有了吗？"孙力在旁边问。

张大夫看了看孙力："你是病人的孩子？"

孙力紧张地点了点头[34]。

"多给你妈妈做做按摩[59]，按摩[59]病人的双手和双腿[57]，这样可以刺激[60]病人的脑子[32]。除了试试这些，还要常常对着病人说话或者唱歌，让她早一点儿醒过来[26]。"

张大夫又和别的[49]医生说了怎么用药的事，就走出了病房[36]。

以后的时间，孙力一有空儿就会给妈妈按摩[59]双手和双腿[57]。在学校他的兴趣很多，爱打篮球，也喜欢足球，还常常和同学们一起跟别的[49]班的篮球队和足球队比赛。所以，他的时间老不够用。现在妈妈病了，他要来医院帮助妈妈，不让妈妈变成[40]植物人[53]他想把自己的时间都给妈妈，让妈妈早一点儿醒过来[26]。

---

59. 按摩 ànmó: massage
60. 刺激 cìjī: stimulate, excite

6. 王老师会变成植物人吗？

到了周末，中午吃完了午饭，小石在病房[36]里收拾完东西，就跟老孙和孙力说，她今天要回家去拿准备换的衣服。老孙说没问题，他周末可以看护[43]王老师。

Want to check your understanding of this part?
Go to the questions on page 58.

7. 小石的家

小石的家住在离北京这个城市不太远的地方,附近有一个机场,站在家门旁边就能看见飞机飞起来。离机场不远,还有一个不大的公园,公园里有小山,也有水,风景很漂亮。一到春天或者夏天,公园里的花都开了,颜色很多,好看极了。

孩子小的时候,小石常带孩子到公园里玩儿。孩子很喜欢在公园里跑,有的时候还带着狗跑,看谁跑得快。孩子小,常常都是狗跑在前面,可是孩子叫一声[61],狗就会慢下来,然后转过头再跑回来。小石每次看到这种样子,就会笑起来。她觉得自己的家很不错。只是那里没有什么好工作,没办法让生活过得更舒服一些,所以她就让爷爷奶奶看[62]着孩子,自

---

61. 声 shēng: sound, voice
62. 看 kān: look after, take care of (children)

己到北京的医院里做护工[41]，给家里多挣[63]一些钱。

她在医院跟老孙说，休息一天是想回家拿衣服，但是更重要[64]的，是回家看看孩子。虽然孩子已经长大，在学校上七年级了，但是半个月没有看见，她挺想孩子的。

今天正好[4]是周末，孩子从学校回来可能会很早，爱人[1]也会从城[65]里回来。她的爱人[1]小刘在城[65]里开出租汽车[17]，因为离家太远，从星期天到星期四都住在城[65]里，只有星期五或者星期六晚上，小刘才回机场附近的家休息休息。

小石一进家门，就进厨房忙了起来，又是做饭，又是做菜。很快，饭和菜就做好了，放[12]到了客厅的桌子上，就等着爱人[1]和孩子回来，一家人舒舒服服地吃饭。小石还准备了一瓶酒，等着爱人[1]回来喝几杯。

下午四点半，孩子先回来了。中午在电话里，他知道了妈妈今天要回

63. 挣 zhèng: make (money)
64. 重要 zhòngyào: important
65. 城 chéng: city, urban area

家，下午刚上完课，他就收拾好书和笔，跑出教室，哪里都不去，一直往家里走。爸爸妈妈不回来的时候，他住在爷爷奶奶家，从学校回来以后还
5 要出去和同学一起玩儿很长时间，天不黑他不回家。可是妈妈回来就不一样了，妈妈想他，他也想妈妈！他想早一点儿回家欢迎妈妈。

　　还没进家门，孩子就叫了起来：
10 "妈妈！妈妈！你回来了吗？"他以为妈妈还没回来。

　　小石从厨房里走出来，一见孩子就开玩笑地说："从很远的地方就能听见你叫，是想妈妈了，还是想妈妈做的饭了?"

看见妈妈从厨房出来,孩子高兴地跑过去,在妈妈的脸[8]上吻[66]了一下,学着电视里的样子,说:"想死我了!"

妈妈也高兴地在孩子的脸[8]上吻[66]了一下。

"饭已经做好了,等一会儿你爸爸回来,就可以吃晚饭了。"

"我要看电视,今天有NBA篮球比赛。"孩子快乐地说。

"去吧,别离电视太近,注意别把眼睛看坏了。"

"好的,我知道了!"孩子愉快地说着。

过了半个小时,爱人[1]小刘也从城[65]里回来了,一家人在客厅的桌子前坐下吃晚饭。小石做了不少菜,又拿出准备好的酒,给爱人[1]倒[52]了一大杯。吃饭时喝点儿酒,这是小刘多年的习惯。但是,开车的时候,一点儿酒都不能喝。今天不用再开车了,可以喝了,他很高兴。小石最清楚他的这个习惯,只要在家里就让他喝一

66. 吻 wěn: kiss

点儿,还一直给小刘买最好的酒。

今天的酒看起来⁴²也很不错,一杯酒喝进肚子,小刘脸⁸上的颜色就变得红红的了。他还希望再喝一点儿,可是小石把酒瓶⁶⁷收了起来⁶⁸。

"别喝太多了,明天还得开车呢!"然后,她又对孩子说:"去洗洗脸⁸,一会儿快上床睡觉。"

孩子有一些不高兴:"明天不上课,不用早起,我想多玩儿一会儿。"

小刘也在旁边帮助孩子说话:"就是啊,明天孩子不用去学校,也不用早起床。让孩子晚点儿睡觉没关系。"

小石这才不说什么了。她给小刘倒⁵²了一杯茶,又把桌子上的碗收拾起来,拿到厨房去洗。

孩子看到妈妈去洗碗了,就坐到爸爸旁边,小声⁶¹说:"爸爸,过些天给我买一台⁶⁹电脑吧,过完暑假学校有电脑课,我得早点儿准备。我们班有一个女同学的爸爸已经给她买了一台⁶⁹了,是美国出的,听说是最好的

---

67. 酒瓶 jiǔpíng:wine bottle
68. 收起来 shōu qǐlɑi:put away
69. 台 tái:measure word for machines

电脑呢。"

小刘用手指³⁵了一下孩子,开玩笑地说:"你呀,又给爸爸找麻烦。你不是不知道,爸爸的钱都给你妈了。为什么不跟你妈说呢?"

"我妈不给,"孩子有一些急⁵⁴了,"她说那些钱要放⁷⁰起来,给我以

5

70. 放 fàng: store (something)

后上大学用。"

"你妈说得没错。"小刘喝了一些茶,"买电脑的钱还要等我和你妈慢慢准备……"

这个时候,小石走了进来,问:"准备什么钱?又要买什么呀?"

孩子忙站了起来:"没事,没事!我去睡觉了。"

看见孩子走了出去,小刘笑着说:"你给孩子吃了什么药,让他这么怕你?他们学校快要学电脑了,希望你给他买一台⁶⁹电脑。"

"什么?电脑!你知道一台⁶⁹电脑要多少钱吗?咱们一个月一共才挣⁶³多少钱?那东西太贵了,我们哪里买得起⁷¹?"

"可是孩子上课要用,咱们得想想办法呀。"

"以后再说吧。明天你还得开车呢,我明天也得回医院。病人那里不能没有人,还是早点儿睡觉吧!"

小刘看小石忙了一天,累得不得了⁵⁵,就不再说什么了。

第二天早上,小石很早就把饭做

71. 买得起 mǎi de qǐ: can afford

好了，叫小刘起床。两人吃完早饭，就一起走出家门。

小刘开车去城65里，正好4可以带小石一起进城65。快到人民医院附近时，小刘突然72想起来3什么，问小石："你什么时候换到这家医院工作的？"

72. 突然 tūrán: suddenly

"就是前些天,大概有一个星期了。生病的是一位大姐,头[9]上做了手术[15],一直躺在床上,到现在还没有醒过来[26]呢。是马大姐介绍我过来的……"

不等小石说完,小刘忙问了一句:"那位生病的大姐姓什么?"

小石有一些不高兴,说:"说了你也不认识,姓王,好像是一个大学老师。"

小刘还想再问什么,小石看见路边有人叫出租汽车[17],忙说:"有人要坐车,我就在这里下车吧,慢点儿开啊。"

小刘的汽车刚刚停下,小石就打开车门跑了下去。

小刘一直看着小石,小石已经走进了人民医院的大门,他还在看,好像忘了已经坐上车的客人。客人有一些不高兴地说:"你还走不走啊?"

小刘这才对客人客气地说:"啊,对不起,对不起。您去什么地方?"

Want to check your understanding of this part?
Go to the questions on page 58.

8. 病房[36]里的生活

小石走进病房[36]的时候,老孙正在给王老师按摩[59]。小石马上洗了手,一边说"让我来吧",一边在王老师的腿[57]上按摩[59]起来。

老孙说:"你刚从家里回来,坐那

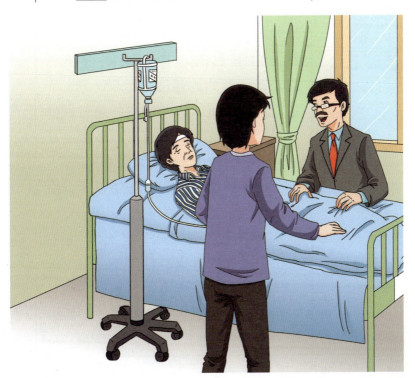

里休息休息。我自己来吧!"老孙对小石很客气。

"我们习惯了,没关系的。"小石对老孙说,"您也累了一个晚上,快点儿回去睡觉吧!这里有我呢!"

老孙说:"那好,今天上午公司有一些事要办,你来了,我正好⁴可以去办事。"

"没关系,您就放心²⁸去吧!"小石小声⁶¹说。

这个时候,王老师的眼睛慢慢睁⁷³开了,在她的眼睛里,房间的上面是白颜色的,四面也是白颜色的……她不知道自己在什么地方,一定不是在家里,因为家里的东西她都认识,可是这里的东西有很多都没见过,床前坐着的人以前也没有见过。

小石见王老师的身体动了动,高兴极了。王老师真的醒过来²⁶了?

她马上叫起来:"老孙,快回来,王老师醒过来²⁶了!"

刚刚走到门旁边的老孙,听小石一叫,马上跑回来,跑到王老师的床前,拉¹²着她的手不放:

---

73. 睁 zhēng: open (eyes)

8. 病房里的生活

"啊!你醒过来[26]了,真的醒过来[26]了!"

王老师睁[73]大眼睛看着老孙,好像不清楚是怎么回事。

"这里是人民医院,前些天刚给你做了手术[15],挺不错的,你这不是醒过来[26]了吗?"

老孙又用手指[35]着小石说:"她姓

石，小石，是咱们孙力找来的护工⁴¹，你如果有什么事，就可以叫她。"

王老师小声⁶¹地说："小石……"

小石马上点了点头³⁴。

老孙问："你现在觉得怎么样？头⁹上还疼不疼？"

"还有一点儿疼，没关系。"王老师轻轻地笑了一下。

"那天晚上你出什么事了？弟弟一直说要报警²⁵呢！"

"我骑自行车左转弯⁷⁴，不知道怎么就倒⁷⁵在地上，头⁹撞¹³到了什么地方，就什么都不知道了……然后有人把我放¹²在汽车上，不知道怎么就到了医院……"王老师希望把以前的事都想起来³，可是脑子³²不太清楚。

老孙说："你醒过来²⁶就好。让小石和你说说话，好好休息，不要着急。我公司里还有事要办，后天有客人要来我们公司参观，我要去准备。我一会儿给孙力打电话，让他来看你。"

74. 转弯 zhuǎn wān: make a turn
75. 倒 dǎo: fall, collapse

老孙走了以后,小石对王老师说:"您爱人¹真不容易。工作那么忙,您又出了这么大的事²。周末,我回家的时候他还得看护⁴³您。不过,您现在醒过来²⁶了,就放心²⁸躺⁵¹着,别的⁴⁹不用多想。"

"真是麻烦你了,"王老师说,"你家里人都挺好的吧?你爱人¹是做什么工作的?孩子多大了?"

"都挺好的。孩子十三岁,今年刚上七年级。就是爱玩儿,不是足球,就是篮球,还参加了学校的篮球队,穿的衬衫、裤子没有干净的时候,一件新衣服几个星期就穿坏了。不过,这孩子学习还不错,每次考试都考得很好,在学校里挺有名的。昨天,他还跟他爸爸说要买电脑学习呢,但是电脑这东西不便宜,他爸爸开出租汽车17,一个月挣63的钱不太多,也不能不吃不喝来买电脑吧!"<u>小石</u>的话一说起来,就停不下来了。

<u>工</u>老师突然72说:"我想起来3了,那天送我上医院的好像就是个出租汽车17司机18。"

Want to check your understanding of this part?
Go to the questions on page 58.

9. 学生来看王老师

　　下午，孙力走进病房[36]来看妈妈，跟他一起来的还有几个同学，有三个是外国学生，一个外国姑娘手里拿着一些漂亮的水果。他们一进病房[36]，就都用汉语问王老师身体好不好。

　　原来[76]，王老师在学校里教中文，所以不少外国学生都上过她的课。有一些外国学生周末还到王老师家里去过，也就和孙力认识了，变成[40]了好朋友。前些天，他们听人说王老师得了很重的病，可是又不知道住在哪家医院，就找到了孙力。正好[4]，孙力听说妈妈醒过来[26]了，就带他们一起来了。

　　那个从美国来的姑娘长得又高又可爱，到中国已经一年多了。她很喜欢王老师的中文课，中文说得比刚来的时候好多了。她也喜欢孙力，想做

76. 原来 yuánlái: formerly, originally; turn out to be

他的女朋友。

她对王老师说:"王老师,同学们知道您生病了,都很紧张,怕您出什么事。现在看到您,我们就放心²⁸了。"她用手指³⁵了指³⁵王老师的头⁹,"这里还疼吗?"

王老师的眼睛有点儿红了:"谢谢你们来看我,看见你们,我很高兴。头⁹还有点儿疼,但比前些天好多了。"她问学生们:"学校是不是快放

假[77]了？考试都完了吗？"

　　孙力走到妈妈的床前，拉[12]着妈妈的手："您不用想这些事了！考试刚完，过几天学校就放假[77]了。"他用手指[35]着站在旁边的几个外国同学，"他们放假[77]后要去旅行，想让我跟着一起去。可是您的病还没好，我怕……"

　　"没关系，家里有你爸爸，还有小石在这里。但是天气冷了，往南边去的话，冬天老下雨，容易感冒，你们路上要注意。"

　　那个可爱的美国姑娘对孙力说："还是等你妈妈的病好一些再说旅行的事吧。"她又对王老师说："您快一点儿好起来，如果您能和我们一起去旅行，一定更有意思！"

　　王老师马上笑了起来："谢谢你们，不过我大概不能跟你们一起去了。还是让孙力带你们去吧。"

　　孙力说："好的，我们还是回学校去谈旅行的事，有空把旅行的行李准备好。现在让我妈休息吧。"

　　几个外国学生都说"好"，准备和王老师说再见。

---

77. 放假 fàng jià: be on holidays

王老师突然想起来³什么，叫着正在往外走的孙力："孙力，你等一下。你刚买了一台⁶⁹新电脑，原来⁷⁶放¹²在卧室里的那台⁶⁹旧电脑你搬到哪儿去了？"

"我搬到学校去了。怎么，您要用吗？"

"小石阿姨的孩子学习要用，你把那台⁶⁹电脑借给她吧！"

小石听王老师这样说，有点儿不好意思，她说："不用了。挺贵的东西，用坏了就麻烦了。"

孙力一边往外走，一边说："没关系。过两天我就把那台⁶⁹旧电脑搬过来。"

Want to check your understanding of this part?
Go to the questions on page 59.

10. 原来[76]还有故事

　　王老师在医院住了半个多月,已经可以下床慢慢走一走了。当然,这真得谢谢小石,她看护[43]王老师,从早忙到晚,还给王老师按摩[59],王老师才好得比较快。她把房间也收拾得 5

非常干净,让王老师觉得很舒服,很愉快。老孙也很高兴,他只要有空到医院看看就行了。

孙力去旅行的前一天,把旧电脑送来了,又教小石怎么开,怎么关。小石差不多学会了,就给爱人[1]小刘打手机,让他晚上来人民医院,把电脑送回家。小石想,再过几天就是孩子的生日了,这台[69]电脑虽然是借王老师的,不能作孩子的生日礼物,但是在孩子生日那天给他,他一定会很高兴。

可是,小刘好像不想来医院搬电脑,说是不方便。小石一听就不高兴了,她说:"别人这样帮我们,我们怎么能不自己来拿呢?再说,你也应该来谢谢王老师吧?真不懂事[37]。"小刘没办法,只说晚上有空就过来。

晚上六点多,小刘把出租汽车[17]停在医院旁边,在医院楼下给小石打电话,让小石把电脑搬出来,他就不进去了。小石一听更不高兴了,觉得爱人[1]不懂事[37],说了一声[61]"你等着",就从病房[36]里跑了出来。

"你怎么了?到了这里还不进去?"她一见小刘就很快地问。

小刘先是不说话,问急[54]了,他才说:"你看护[43]的那个病人我认识,我不方便去见她。"

小石听小刘这么一说,更着急了,"啊?怎么回事?快告诉我。"

"是这样的,半个月前的一天晚上,刚刚送完一个客人,我在路上慢慢开着车,希望马上能再有客人坐车。天快黑了,前面是路口[78],我往右转弯,突然[72]看见一辆黄颜色的自行车倒[75]在马路[5]旁边,自行车旁边还躺[51]着一个大姐。我马上停了车,跑过去,拉[12]着她的手,让她从地上站起来,她就是你看护[43]的这位王老师。我问:'大姐,您伤[14]了没有?'她说:'我的头[9]有点儿疼,还有点儿晕……'我看她头[9]上有血[11],又问:'这附近就有医院,用不用送你去医院看病?'她说:'谢谢,我自己能走。'可是,她还没有说完,身体又倒[75]了下去,眼睛也合[39]上了。我忙

78. 路口 lùkǒu: crossing, intersection

打开车后门，把她放^12进车里，让她在车后躺^51下，然后关上车门。我看旁边没人，就先把那辆黄颜色的自行车放^12在路边，开车送她去了医院……"

小石睁^73大了眼睛，用手指^35着小刘："王老师不是你的汽车撞^13的，对不对？！你能肯定^79吧？"

79. 肯定 kěndìng: be sure, affirm

看着小石着急的样子,小刘点了点头[34]。

"当然肯定[79]!因为我的汽车右转弯以前,王老师就已经躺[51]在地上了。应该说,我那个时候挺怕的,我不知道她怎么了,为什么会躺[51]在地上,是别人撞[13]伤[14]了,还是得了什么病?会不会很重?会不会死?看自行车的样子,好像是让汽车撞[13]的。可是别人会不会想是我撞[13]的?我怕自己说不清楚。但是,那时候我又想,救[80]人最重要[64],所以我就把她送到了人民医院。刚到医院的时候,她还能说话,告诉了我一个手机号,说是她爱人[1]的。我去挂号[81]的时候,护士[38]问了我很多问题:'病人叫什么名字?她怎么了?你是她的家人吧?……'我都不知道应该怎么告诉护士[38],只是对护士[38]说:'这是她爱人[1]的电话,你打电话问她的爱人[1]就知道了。'这时她又晕了过去,我没再跟别人说什么,就快快地走了。"

听完以后,小石对小刘说:"不是

---

80. 救 jiù: save (one's life), help, rescue
81. 挂号 guà hào: register (for seeing a doctor)

你撞[13]王老师的,你怕什么?来,跟我去看看王老师,也谢谢她把电脑借给我们孩子学习。"

小刘没再说什么,跟着小石往病房[36]走,一直来到王老师的病床[7]前。见到王老师,小刘还是有一些不好意思。

他小声[61]地对王老师说:"对不起!"

王老师有一些奇怪,问:"你认识我吗?我好像在哪里见过你。"

"您忘了吗?那天晚上您躺[51]在马路[5]旁边,有一个司机[18]送您到了这家医院。王老师,真是对不起,那天的事,我怕跟别人说不清楚,所以,把您送到医院,我马上就走了……"

没想到王老师说:"不是你对不起我,是我要谢谢你!那天是你救[80]了我啊!那天下午,我骑自行车回家。到了路口[78],我正准备左转弯,这时候一辆小汽车非常快地开过来,我还没看清楚汽车是什么颜色的,就觉得眼睛前面一黑,人和自行车都倒[75]在了路边,我的头[9]一下子撞[13]在路旁边,就什么都不知道了。可能过了不到半个小时,我才慢慢地醒了过来,可是我站不起来,看着有几辆汽车从我身体旁边开过去,我也叫不出声⁶¹。想不到⁴⁷,这个时候有一辆出租汽车¹⁷停了下来,原来⁷⁶就是你的车……"

不知道张大夫什么时候进的病房³⁶,他听王老师说完,就高兴地对小刘说:"你让我们找了很长时间……一个出租汽车¹⁷司机¹⁸能这样做,已经很不容易了。因为你很快把王老师送来,我们医生才有时间救⁸⁰王老师,如果再晚一点儿送来,大概就没办法了。我们医生也谢谢你!"

听张大夫这么说,小刘更不好意

思了,脸[8]也像喝了酒一样,红红的。

张大夫接着对王老师说:"您把撞[13]您的那辆汽车的车牌[82]号记下来[83]了吗?如果那个司机马上把您送到医院,危险就小得多。"

王老师慢慢地说:"天都快黑了,谁能看得清楚。"她又笑了笑,"如果真是那样的话,我就不会认识小刘和小石这一家好人了。"

大家听了,都跟着笑了起来。

"对了,别忘了给孩子搬电脑。"王老师对小石和小刘说。

小刘这个时候才想起来自己为什么来医院了。

> Want to check your understanding of this part?
> Go to the questions on page 56.

> To check your vocabulary of this reader,
> go to the questions on page 60.

> To check your global understanding of this reader,
> go to the questions on page 61.

---

82. 车牌 chēpái: license plate (of a car)
83. 记下来 jì xialai: take down, make a note

生词表
Vocabulary list

1	爱人	àiren	husband/wife, spouse
2	出事	chū shì	have an accident
3	想起来	xiǎng qilai	call to mind
4	正好	zhènghǎo	just right, just in time, as it happens
5	马路	mǎlù	street
6	取	qǔ	get, fetch, withdraw
7	病床	bìngchuáng	sickbed, hospital bed
8	脸	liǎn	face
9	头	tóu	head
10	包	bāo	swelling, bump
11	血	xiě	blood
12	拉	lā	take hold of, pull
13	撞	zhuàng	bump, hit, run in
14	伤	shāng	injure, wound
15	手术	shǒushù	surgery, operation
16	血块	xiěkuài	blood clots
17	出租汽车	chūzū qìchē	taxi
18	司机	sījī	driver
19	签字	qiān zì	sign (a signature)
20	晕过去	yūn guoqu	faint, pass out
21	造成	zàochéng	cause, bring about
22	表	biǎo	form, table
23	危险	wēixiǎn	danger, dangerous
24	说不下去	shuō bu xiàqù	unable to continue speaking
25	报警	bào jǐng	call the police
26	醒过来	xǐng guolai	wake up, come to oneself

27	情况	qíngkuàng	circumstances, situations
28	放心	fàng xīn	disburden, reassure, set one's heart at rest
29	手术室	shǒushùshì	operation room
30	看上去	kàn shangqu	look (like), seem
31	挤压	jǐyā	squeeze, press
32	脑子	nǎozi	brain
33	观察	guānchá	observe
34	点头	diǎn tóu	nod
35	指	zhǐ	point one's fingers at
36	病房	bìngfáng	sickroom, patient ward
37	懂事	dǒng shì	sensible, capable of understanding others
38	护士	hùshi	nurse
39	合	hé	close (eyes)
40	变成	biànchéng	become, turn into
41	护工	hùgōng	patient attendant
42	看起来	kàn qilai	look like, seem
43	看护	kānhù	look after (patients)
44	花	huā	spend
45	奇怪	qíguài	strange, weird
46	服务	fúwù	serve
47	想不到	xiǎng bu dào	cannot expect
48	听起来	tīng qilai	sound like
49	别的	biéde	other
50	放（把别的工作放一放）	fàng (bǎ biéde gōngzuò fàng yi fàng)	put (aside; lay other things away for a while)
51	躺	tǎng	lie
52	倒	dào	pour
53	植物人	zhíwùrén	persist vegetative states (PVS)

54	急	jí	anxious
55	不得了	bùdéliǎo	exceedingly, completely
56	敲打	qiāodǎ	knock, rap, tap
57	腿	tuǐ	leg
58	反应	fǎnyìng	reaction, response
59	按摩	ànmó	massage
60	刺激	cìjī	stimulate, excite
61	声	shēng	sound, voice
62	看	kān	look after, take care of (children)
63	挣	zhèng	make (money)
64	重要	zhòngyào	important
65	城	chéng	city, urban area
66	吻	wěn	kiss
67	酒瓶	jiǔpíng	wine bottle
68	收起来	shōu qilai	put away
69	台	tái	measure word for machines
70	放	fàng	store (something)
71	买得起	mǎi de qǐ	can afford
72	突然	tūrán	suddenly
73	睁	zhēng	open (eyes)
74	转弯	zhuǎn wān	make a turn
75	倒	dǎo	fall, collapse
76	原来	yuánlái	formerly, originally; turn out to be
77	放假	fàng jià	be on holidays
78	路口	lùkǒu	crossing, intersection
79	肯定	kěndìng	be sure, affirm
80	救	jiù	save (one's life), help, rescue
81	挂号	guà hào	register (for seeing a doctor)
82	车牌	chēpái	license plate (of a car)
83	记下来	jì xialai	take down, make a note

练 习
Exercises

1. 医院的电话

   根据故事选择正确答案。Select the correct answer for each of the questions.

   (1) 王老师为什么进了医院?

   　　a. 她被人撞[13]了　　　　b. 她上课的时候晕过去[20]了

   (2) 是谁送王老师来医院的?

   　　a. 王老师的学生　　　　b. 一个出租汽车[17]司机[18]

   (3) 王老师是什么病?

   　　a. 她的头[9]里面有血块[16]　b. 她的眼睛看不见了

   (4) 王老师的病,医生说要怎么办?

   　　a. 赶快做手术[15]　　　　b. 先让王老师休息一晚上再看看

2. 时间过得很慢

   根据故事选择正确答案。Select the correct answer for each of the questions.

   (1) 谁来医院找老孙?

   　　a. 王老师的弟弟和妹妹　b. 王老师的弟弟

   (2) 那个送王老师来的人,王老师的弟弟说要怎么办?

   　　a. 谢谢他　　　　　　　b. 让警察抓他

3. 王老师能醒过来[26]吗?

   根据故事选择正确答案。Select the correct answer for each of the questions.

   (1) 王老师能醒过来吗?

   　　a. 能　　　　　　b. 不能　　　　　c. 不知道

   (2) 谁来看王老师了?

   　　a. 王老师的弟弟和儿子　　b. 王老师的弟弟和妹妹

4. 请护工[41]

   根据故事选择正确答案。Select the correct answer for each of the questions.

   (1) 谁去找的护工[41]?

   　　a. 王老师的爱人[1]　　b. 王老师的儿子　c. 王老师的弟弟

   (2) 护工[41]是怎么找到的?

   　　a. 护工[41]公司介绍的　b. 医生介绍的

   (3) 找到的护工[41]是谁?

   　　a. 马大姐　　　　　b. 小石

5. 护工[41]小石

   根据故事选择正确答案。Select the correct answer for each of the questions.

   (1) 小石一来就给王老师做什么?

   　　a. 按摩[59]　　　　b. 洗脸[8]

   (2) 老孙觉得小石怎么样?

   　　a. 很好,他很放心　　b. 不好,他很不放心

   (3) 谁给王老师买了一些水果?

   　　a. 护工[41]小石　　b. 王老师的儿子　c. 王老师的妹妹

6. 王老师会变成[40]植物人[53]吗?

下面的说法哪个对,哪个错? Mark the correct ones with "T" and incorrect ones with "F".

(1) 王老师做完手术[15]后醒来过一次,可是很快又晕过去[20]了。 ( )

(2) 张大夫说了一些让王老师早一点儿醒过来[26]的办法。 ( )

(3) 孙力一有空儿就给妈妈按摩[59]双手和双腿[57]。 ( )

7. 小石的家

下面的说法哪个对,哪个错? Mark the correct ones with "T" and incorrect ones with "F".

(1) 小石的家在北京城[65]里边。 ( )

(2) 小石的爱人[1]给一家公司开车。 ( )

(3) 小石有一个女儿。 ( )

(4) 因为做饭很麻烦,所以那天小石一家去外边吃饭了。 ( )

(5) 小石的孩子想要一台[69]电脑。 ( )

(6) 小石的家里没有多少钱。 ( )

(7) 小石一家人都很爱自己的家人。 ( )

8. 病房[36]里的生活

下面的说法哪个对,哪个错? Mark the correct ones with "T" and incorrect ones with "F".

(1) 出事[2]那天晚上的事情,王老师一点儿都不记得了。 ( )

(2) 王老师不认识他的爱人[1]了。 ( )

(3) 小石告诉王老师一些她家里人的事情。 ( )

9. 学生来看王老师

根据故事选择正确答案。Select the correct answer for each of the questions.

(1) 王老师是教什么的?
   a. 中文　　　　b. 英文

(2) 孙力和王老师的外国学生打算一起做什么?
   a. 学电脑　　　b. 旅行

(3) 王老师让孙力做什么?
   a. 把自己的旧电脑借给小石的孩子
   b. 给小石的孩子买一台[69]电脑

10. 原来[76]还有故事

根据故事选择正确答案。Select the correct answer for each of the questions.

(1) 小刘为什么不愿意见王老师? 因为
   a. 他觉得借别人东西不好意思
   b. 他怕王老师认出他来(recognize him)

(2) 撞[13]王老师的司机[18]是小刘吗?
   a. 是　　　　　b. 不是

(3) 王老师见到小刘做了什么?
   a. 感谢他　　　b. 报警[25]

(4) 这个故事告诉我们什么?
   a. 虽然有坏人,但还是好人多
   b. 虽然有好人,但还是坏人多

词汇练习 Vocabulary exercises

选词填空 Fill in each blank with the most appropriate word

1. a. 客气　　b. 马上　　c. 紧张　　d. 麻烦　　e. 累坏
(1) 王老师头⁹里面出了血¹¹,如果时间长了,就会很_____。
(2) 一听王老师在医院,老孙有一些_____。
(3) 老孙很_____地问:"喂,请问您找谁?"
(4) 张大夫让老孙_____来医院。
(5) 张大夫给王老师做了很长时间的手术¹⁵,他_____了。

2. a. 着急　　b. 打算　　c. 方便　　d. 差不多　　e. 好看极了
(1) 请护工⁴¹看护⁴³病人有时比家里人还_____。
(2) 小石家旁边的公园里有很多花⁴⁴,_____。
(3) 孙力_____给妈妈请一个护工⁴¹。
(4) 马大姐的孩子和孙力_____大。
(5) 老孙没把王老师的事告诉王老师的父母,因为他怕他们_____。

3. a. 欢迎　　b. 看坏了　　c. 像　　d. 愉快　　e. 停不下来
(1) 小石和小刘长得挺_____的。
(2) 小石的孩子想早一点儿回家_____妈妈。
(3) 小石和王老师一说起话,就_____。
(4) 小石不让儿子离电视太近,因为怕他_____眼睛。
(5) 小石看护⁴³王老师做得很好,王老师觉得很_____。

综合理解 Global understanding

根据整篇故事选择正确的答案。Select the correct answer for each of the gapped sentences in the following passage.

　　王老师进医院了。她被人(a.打了　b.撞[13]了)，(a.她的头[9]里边有血块[16]　b.她的眼睛看不见了)，病得很重，得赶快做手术[15]。可是没人知道是谁让王老师变成[40]这样的。

　　进了医院以后，王老师还没有醒过来[26]。王老师的家人怕她会(a.变成[40]植物人[53]　b.死)。为了好好看护[43]她，王老师的儿子孙力请了一个(a.护工[41]　b.护士[38])。他请的人叫小石。小石的爱人[1]是一个(a.警察　b.司机[18])，他们有一个(a.儿子　b.女儿)，他们家(a.很有钱　b.没什么钱)。

　　手术[15]以后，王老师醒过来[26]了。她告诉大家那个把她撞[13]倒[75]的人跑了，是一个(a.出租汽车[17]司机[18]　b.警察)送她来医院的。以后大家才知道，那个送王老师来医院的人就是(a.小石的弟弟　b.小石的爱人[1])小刘，但是小刘没有说，因为他(a.怕别人以为是他撞[13]的王老师　b.做了好事不想让人知道)。最后大家都知道小刘是个好人，都对他说"谢谢"。

练习答案

Answer keys to the exercises

1. 医院的电话
    (1) a   (2) b   (3) a   (4) a

2. 时间过得很慢
    (1) b   (2) b

3. 王老师能醒过来[26]吗?
    (1) c   (2) a

4. 请护工[41]
    (1) b   (2) a   (3) b

5. 护工[41]小石
    (1) b   (2) a   (3) c

6. 王老师会变成[40]植物人[53]吗?
    (1) F   (2) T   (3) T

7. 小石的家
    (1) F   (2) F   (3) F   (4) F
    (5) T   (6) T   (7) T

8. 病房[36]里的生活
    (1) F   (2) F   (3) T

9. 学生来看王老师
    (1) a   (2) b   (3) a

10. 原来[76]还有故事
    (1) b   (2) b   (3) a   (4) a

词汇练习 Vocabulary exercises

1. (1) d   (2) c   (3) a   (4) b   (5) e

2. (1) c   (2) e   (3) b   (4) d   (5) a

3. (1) c   (2) a   (3) e   (4) b   (5) d

综合理解 Global understanding

　　王老师进医院了。她被人(b.撞¹³了),(a.她的头⁹里边有血块¹⁶),病得很重,得赶快做手术¹⁵。可是没人知道是谁让王老师变成⁴⁰这样的。

　　进了医院以后,王老师还没有醒过来²⁶。王老师的家人怕她会(a.变成⁴⁰植物人⁵³)。为了好好看护⁴³她,王老师的儿子孙力请了一个(a.护工⁴¹)。他请的人叫小石。小石的爱人¹是一个(b.司机¹⁸),他们有一个(a.儿子),他们家(b.没什么钱)。

　　手术¹⁵以后,王老师醒过来²⁶了。她告诉大家那个把她撞¹³倒⁷⁵的人跑了,是一个(a.出租汽车¹⁷司机¹⁸)送她来医院的。以后大家才知道,那个送王老师来医院的人就是(b.小石的爱人¹)小刘,但是小刘不敢说,因为他(a.怕别人以为是他撞¹³的王老师)。最后大家都知道小刘是个好人,都对他说"谢谢"。

本书练习由王萍丽编写

为所有中文学习者（包括华裔子弟）编写的
第一套系列化、成规模、原创性的大型分级
轻松泛读丛书

"汉语风"（Chinese Breeze）分级系列读物简介

"汉语风"（Chinese Breeze）是一套大型中文分级泛读系列丛书。这套丛书以"学习者通过轻松、广泛的阅读提高语言的熟练程度，培养语感，增强对中文的兴趣和学习自信心"为基本理念，根据难度分为8个等级，每一级6—8册，共近60册，每册8,000至30,000字。丛书的读者对象为中文水平从初级（大致掌握300个常用词）一直到高级（掌握3,000—4,500个常用词）的大学生和中学生（包括修美国AP课程的学生），以及其他中文学习者。

"汉语风"分级读物在设计和创作上有以下九个主要特点：

一、等级完备，方便选择。精心设计的8个语言等级，能满足不同程度的中文学习者的需要，使他们都能找到适合自己语言水平的读物。8个等级的读物所使用的基本词汇数目如下：

第1级:300基本词	第5级:1,500基本词
第2级:500基本词	第6级:2,100基本词
第3级:750基本词	第7级:3,000基本词
第4级:1,100基本词	第8级:4,500基本词

为了选择适合自己的读物，读者可以先看看读物封底的故事介绍，如果能读懂大意，说明有能力读那本读物。如果读不懂，说明那本读物对你太难，应选择低一级的。读懂故事介绍以后，再看一下书后的生词总表，如果大部分生词都认识，说明那本读物对你太容易，应试着阅读更高一级的读物。

二、题材广泛，随意选读。丛书的内容和话题是青少年学生所喜欢的侦探历险、情感恋爱、社会风情、传记写实、科幻恐怖、神话传说等。学习者可以根据自己的兴趣爱好进行选择，享受阅读的乐趣。

三、词汇实用，反复重现。各等级读物所选用的基础词语是该等级的学习者在中文交际中最需要最常用的。为研制"汉语风"各等级的基础词表,"汉语风"工程首先建立了两个语料库:一个是大规模的当代中文书面语和口语语料库,一个是以世界上不同地区有代表性的40余套中文教材为基础的教材语言库。然后根据不同的交际语域和使用语体对语料样本进行分层标注,再根据语言学习的基本阶段对语料样本分别进行分层统计和综合统计,最后得出符合不同学习阶段需要的不同的词汇使用度表,以此作为"汉语风"等级词表的基础。此外,"汉语风"等级词表还参考了美国、英国等国和中国大陆、台湾、香港等地所建的10余个当代中文语料库的词语统计结果。以全新的理念和方法研制的"汉语风"分级基础词表,力求既具有较高的交际实用性,也能与学生所用的教材保持高度的相关性。此外,"汉语风"的各级基础词语在读物中都通过不同的语境反复出现,以巩固记忆,促进语言的学习。

四、易读易懂,生词率低。"汉语风"严格控制读物的词汇分布、语法难度、情节开展和文化负荷,使读物易读易懂。在较初级的读物中,生词的密度严格控制在不构成理解障碍的1.5%到2%之间,而且每个生词(本级基础词语之外的词)在一本读物中初次出现的当页用脚注做出简明注释,并在以后每次出现时都用相同的索引序号进行通篇索引,篇末还附有生词表,以方便学生查找,帮助理解。

五、作家原创,情节有趣。"汉语风"的故事以原创作品为主,多数读物由专业作家为本套丛书专门创作。各篇读物力求故事新颖有趣,情节符合中文学习者的阅读兴趣。丛书中也包括少量改写的作品,改写也由专业作家进行,改写的原作一般都特点鲜明、故事性强,通过改写降低语言难度,使之适合该等级读者阅读。

六、语言自然、鲜活。读物以真实自然的语言写作,不仅避免了一般中文教材语言的枯燥和"教师腔",还力求鲜活地道。

七、插图丰富,版式清新。读物在文本中配有丰富的、与情节内容自然融合的插图,既帮助理解,也刺激阅读。读物的版式设计清新大方,富有情趣。

八、练习形式多样,附有习题答案。读物设计了不同形式的练习以促进学习者对读物的多层次理解;所有习题都在书后附有答案,以方便查对,利于学习。

九、配有录音,两种语速选择。各册读物所附的故事录音(MP3格式),有正常语速和慢速两种语速选择,学习者可以通过听的方式轻松学习、享受听故事的愉悦。故事录音可通过扫描封底的二维码获得,也可通过网址 http://www.pup.cn/dl/newsmore.cfm?sSnom=d203 下载。

For the first time ever, Chinese has an extensive series of enjoyable graded readers for non-native speakers and heritage learners of all levels

ABOUT Hànyǔ Fēng (*Chinese Breeze*)

Hànyǔ Fēng (*Chinese Breeze*) is a large and innovative Chinese graded reader series which offers nearly 60 titles of enjoyable stories at eight language levels. It is designed for college and secondary school Chinese language learners from beginning to advanced levels (including AP Chinese students), offering them a new opportunity to read for pleasure and simultaneously developing real fluency, building confidence, and increasing motivation for Chinese learning. Hànyǔ Fēng has the following main features:

☆ Eight carefully graded levels increasing from 8,000 to 30,000 characters in length to suit the reading competence of first through fourth-year Chinese students:

Level 1: 300 base words	Level 5: 1,500 base words
Level 2: 500 base words	Level 6: 2,100 base words
Level 3: 750 base words	Level 7: 3,000 base words
Level 4: 1,100 base words	Level 8: 4,500 base words

To check if a reader is at one's reading level, a learner can first try to read the introduction of the story on the back cover. If the introduction is comprehensible, the leaner will be able to understand the story. Otherwise the learner should start from a lower level reader. To check whether a reader is too easy, the learner can skim the Vocabulary (new words) Index at the end of the text. If most of the words on the new word list are familiar to the learner, then she/ he should try a higher level reader.

☆ Wide choice of topics, including detective, adventure, romance, fantasy, science fiction, society, biography, mythology, horror, etc. to meet the diverse interests of both adult and young adult learners.

☆ Careful selection of the most useful vocabulary for real life communication in modern standard Chinese. The base vocabulary used for writing each level was generated from sophisticated computational analyses of very large written and spoken Chinese corpora as well as a language databank of over 40 commonly used or representative Chinese textbooks in different countries.

☆ Controlled distribution of vocabulary and grammar as well as the deployment of story plots and cultural references for easy reading and efficient learning, and highly recycled base words in various contexts at each level to maximize language development.

☆ Easy to understand, low new word density, and convenient new word glosses and indexes. In lower level readers, new word density is strictly limited to 1.5% to 2%. All new words are conveniently glossed with footnotes upon first appearance and also fully indexed throughout the texts as well as at the end of the text.

☆ Mostly original stories providing fresh and exciting material for Chinese learners (and even native Chinese speakers).

☆ Authentic and engaging language crafted by professional writers teamed with pedagogical experts.

☆ Fully illustrated texts with appealing layouts that facilitate understanding and increase enjoyment.

☆ Including a variety of activities to stimulate students' interaction with the text and answer keys to help check for detailed and global understanding.

☆ Audio files in MP3 format with two speed choices (normal and slow) accompanying each title for convenient auditory learning. Scan the QR code on the backcover, or visit the website http://www.pup.cn/dl/newsmore.cfm?sSnom=d203 to download the audio files.

"汉语风"系列读物其他分册
Other *Chinese Breeze* titles

"汉语风"全套共8级近60册,自2007年11月起由北京大学出版社陆续出版。下面是已经出版或近期即将出版的各册书目。请访问北京大学出版社网站(www.pup.cn)关注最新的出版动态。

Hànyǔ Fēng (*Chinese Breeze*) series consists of nearly 60 titles at eight language levels. They have been published in succession since November 2007 by Peking University Press. For most recently released titles, please visit the Peking University Press website at www.pup.cn.

第1级:300词级
Level 1: 300 Word Level

错,错,错!
Wrong, Wrong, Wrong!

两个想上天的孩子
Two Children Seeking the Joy Bridge

我一定要找到她……
I Really Want to Find Her...

我可以请你跳舞吗?
Can I Dance with You?

向左向右
Left and Right: The Conjoined Brothers

你最喜欢谁?
Whom Do You Like More?

第2级:500词级
Level 2: 500 Word Level

电脑公司的秘密
Secrets of a Computer Company

方新写了一个很好的软件(ruǎnjiàn: software),没想到这个软件被人盗版(dàobǎn: be pirated)了。做盗版的是谁?他找了很久也没有找到。直到有一天,小月突然发现了这里的秘密(mìmì: secret)。她把这个秘密告诉了方新。但是,就在这个时候,做盗版的人发现了小月,要杀(shā: kill)了她……

Fang Xin was the developer of a popular software program. But he did not anticipate that the software was soon pirated for sale in large volumes. He had been searching for the pirates for a long time, but did not find them. One day, his wife Xiaoyue overheard a phone conversation in a store. She followed the caller and discovered the pirates. Nevertheless, Xiaoyue didn't think that she was already on the brink of death...

我家的大雁飞走了
Our Geese Have Gone

二十五年前,村里的人们还不知道大雁(yàn: wild goose)是应该保护(bǎohù: protect)的动物(dòngwù: animal)。爷爷最会打雁,打了大雁拿到城里,卖了钱给我上学。

可是,有一天,爷爷没有打到雁,因为雁队里有了一只很聪明的头雁(tóuyàn: lead goose)。在头雁带着雁队要飞走的时候,一只鹰(yīng: eagle)飞了过来,飞向一只小雁!

鹰太大了,头雁和鹰打了一会儿,伤(shāng: injure)得很重。爷爷帮助头雁,打走了鹰,让头雁住在家里。头雁的女朋友也来找它了。最会打雁的爷爷有了两个大雁朋友……

Twenty-five years ago, people in my village did not know that wild geese should be under protection from hunting. Among the hunters, my grandpa was the best. He brought the geese he shot back to town and sold them to pay for my schooling.

However, grandpa did not shoot one single goose on that day. It was all because of the vigilant lead goose in the flock. But at the moment when the flock was flying away, an eagle came. The eagle was hungry for young geese and pounced on one! The lead goose fought and fought with the eagle. But the eagle was too strong, and the lead goose was injured.

Without hesitation, grandpa repelled the eagle away. He brought the wounded lead goose home and took good care of it. Before long, the lead goose's mate flew over to join him in our home. Grandpa, the best hunter of wild geese, now had two goose friends...

青凤
Green Phoenix

耿(Gěng)家的旧房子很长时间没人住了。不知道为什么,房子的门常常自己开了,又自己关上,看不见有人进去,也没看见有人出来,但是到了晚上,就能听见里面有人说话和唱歌。一天晚上,耿去病(Gěng Qùbìng)看到旧房子的楼上有亮光(liàngguāng: light),他就慢慢地进到房子里,走上楼。他看见那里坐着一个漂亮姑娘,还有她的家人。耿去病很喜欢那个姑娘,他想知道那姑娘是谁,他们从哪里来,为什么住在他家的旧房子里。可是,他怎么也想不到以后出了那些事……

The old house of the Geng family has been uninhabited for years. But recently the doors of the house open and close without anyone going in or out. And at night one can hear people talking and singing inside.

One dark evening, Geng Qubing sees light shining from the attic of the house. He slips into the house, and sees a pretty girl sitting with her family in the attic. Deeply attracted to the girl, Geng Qubing is determined to find out who she is, where her family is from, and why they live in his old house. But what eventually takes place is a shock for him!

如果没有你
If I Didn't Have You

黄小明是个小偷(xiǎotōu: pickpocket)。他很会偷(tōu: steal)东西,但是他只偷很有钱的人,钱少的人他不偷,也不让别的小偷偷他们。大学生夏雨(Xià Yǔ)的钱包被偷走了,他帮助夏雨要了回来;有个小偷偷了一位老奶奶的钱包(qiánbāo: wallet),他把钱包从那个小偷那里偷回来,送回到老奶奶的衣服里……

黄小明爱上了夏雨。有一次,黄小明偷了一个特别有钱的人。可是,这个钱包给他带来了大麻烦! 黄小明不知道应该怎么办,夏雨帮助了他。

可是,小偷黄小明能得到大学生夏雨的爱吗?

Xiaoming is a pickpocket. He is really good at stealing. But he only steals from rich people. He never touches those who are poor, and doesn't let other thieves steal from poor people either.

Xia Yu is a college freshman. She lost her purse at a railway station. Xiaoming got the purse back for her from the thief. Another time, a thief stole an old woman's wallet on a bus. Xiaoming stole the wallet back from the thief and put into the lady's jacket unobserved. More surprisingly, when Xiaoming is falling in love with Xia Yu, he lands into a big trouble after stealing a wallet from a very rich man.

Will Xiaoming the pickpocket win the love of Xia Yu, a pretty college student?

妈妈和儿子
Mother and Son

十几岁的儿子因为不快乐,离开了家,不知道去了哪里。妈妈找了很多地方,都没有找到他。为了等儿子回来,妈妈不出去见朋友,不去饭店吃饭,不出去旅行,不换住的房子,也不改电话号码。她就这样每天在家里等着儿子,等了一年又一年……

后来,儿子想妈妈了,他回来了。可是,家里的妈妈呢?妈妈在哪儿?!

A teenage boy left home because he thought he was unhappy. Nobody knew where he went. His mother was looking for him all around, but she did not find him. To wait for her son's coming back, she never went out with friends, never ate out, and never traveled away. She did not accept a great offer for relocating her home, or even changing her home phone number. She just stayed at home and waited for her son. She waited and waited for years.

One day, the son came back, missing his mother. However, the mother was not at home anymore...

一张旧画儿
An Old Painting

旧画儿商店的老爷爷又一次把那张旧画儿拿起来,从上看到下,从左看到右,再慢慢拿高一点儿,好好儿地又看了几分钟。看着看着,他的眼睛一点儿一点儿地变大了。他看着站在边上的傻小,一个收破烂的孩子:"孩子,我给你钱!给你很多很多的钱,够你家的人用一百年——你把画儿卖给我!"

可是,傻小说:"对不起,老爷爷,这画儿我不能卖……"

In the art dealer's shop, the old gentleman picked up the old painting once again. He looked it up and down, left and right. He held it up, contemplating it for a few minutes. His eyes opened wider and wider. Finally, he turned to Shaxiao, the Little Silly, a rag boy who stood nearby, and said: "Sell this painting to me. I'll pay a lot of money, enough for your family to live on for a hundred years!"

Surprisingly, Shaxiao replied, "Sir, I'm sorry. But I can't sell it to you..."

第3级：750词级
Level 3: 750 Word Level

第三只眼睛
The Third Eye

画皮
The Painted Skin

留在中国的月亮石雕
The Moon Sculpture Left Behind

朋友
Friends

第4级：1,100词级
Level 4: 1,100 Word Level

好狗维克
Vick the Good Dog

两件红衬衫
Two Red Shirts

竞争对手
The Competitor

沉鱼落雁
Beauty and Grace